ⓒ채경남

시인 이선미

지독한 사랑

이 선 미 시집

시와사람

국립중앙도서관 출판시도서목록(CIP)

지독한 사랑 : 이선미 연시집 / 지은이: 이선미. -- 광주 : 시와사람, 2018
p. ; cm

ISBN 978-89-5665-529-1 03810 : ₩10000

한국 현대시[韓國現代詩]

811.7-KDC6
895.715-DDC23 CIP2018039293

지독한 사랑

■ 자서

오랫동안 가슴에 담고 있던

은밀한 말들을 발설한 듯하여 부끄럽다.

시의 기원이라고 할 수 있는

연시(戀詩)가 씌어지지 않는 시대가 안타깝다.

모든 독자들이 이 시집의 주인공이 되길 바란다.

또 다시 연시집을 쓸 수 있으면 좋겠다.

2018년 12월

이선미

차례

2 능금을 따다

3 서귀포

4 도저히

꽃길만 걸어요

1

봄길, 꽃길

봄길, 꽃길

당신은 다정해서
내게 마음의 자물쇠를 모두 푸는군요
그럴때면 당신의 마음으로 들어갑니다
넓은 당신의 마음은 향기롭습니다
한가로운 산책길이 있고
푸르른 숲이 있지요
그곳에서 새소리가 들리고
내 영혼을 감전시키는
향기가 감미롭습니다

당신의 마음 속에서는
발을 헛딛어 추락해도 좋군요
내 몸을 받아주는 당신의 세포 하나하나가
나를 포근하게 감싸주니까요
그럴 때 쯤 어디선가
봄바람 같은 훈풍이 불어옵니다
그것은 당신이 내게로 보내는
봄이 왔다는 신호입니다

그렇군요,
우리는 세상에서 가장 아름다운 봄길을 걷고 있군요

당신의 마음은 참으로 넓고 따스하군요
사람들은 이것을 사랑이라고 말하지만
그 말은 참 유치해요
나는 '봄길', '꽃길'이라고 말할게요
온통 꽃이 만발한 당신의 마음 속에서
길을 잃었나봐요.

가장 높은 사랑

지상의 사랑은
모두가 천형처럼 무거운 그림자를 단다
그러므로 지상을 떠나야 한다
태양이 가까울수록
하늘나라가 가까울수록
거추장스러운 그림자를 떨구고
우리는 비로소 선명해질 수 있다
우리의 사랑은 특별해서
뭇 세상사람들과는 다른 것이어서
그림자를 내칠 수 있다
사랑이여
잠시 다녀가는 지상
가장 높은 사랑을 위하여
우리는 천국행 비행기를 타고 하늘을 난다.

옛날식 연애편지

전화로 문자로 하는 사랑,
오늘은 당신에게
옛날식 연애편지를 쓰고 싶어요
그러므로 그립다는 말
보고싶다는 말 편지 행간에 숨기고
펜촉에 파란 잉크를 찍어
밤새 긴 편지를 쓰고 싶어요
향기나는 편지지,
꽃봉투에 고이 넣어
부끄럽고 수줍은 마음
빨간 우체통에 넣고 싶어요
옛날식 연애편지를 보내고
편지 받고 어떤 표정 지으실련가
어떤 마음 깃든 답장 보내시련가
열흘이고 보름이고 편지 기다리느라
마음 설레이고 싶어요

어색한 사랑

당신은 과묵하네
말이 없어 어색했네
밥을 먹다가도 눈이 마주치면 어색했네
말없이 텔레비전을 보았을 뿐
언제나 말을 하려고 애쓰지 않았네
아니네, 당신은 말 주변이 없어서
달콤한 이야기, 황홀한 이야기
세련되게 잘 하지 못했네
말없이 나의 등을 두드릴 뿐
말을 꾸미지 않았네
그러나 당신의 가슴 속에
뜨거운 불빛이 있음을 아네
나를 향해 부르는 세레나데를 듣고 있네
그 어색한 사랑을 사랑하네

군고구마 사랑

시골이 고향이라고 했지요
학교갔다 오면 책보 마루에 내던지고
밥 먼저 찾았던 그 때
허겁지겁 고구마를 먹었다지요
바람 찬 겨울거리 한 모퉁이에서
군고구마 장수가 풍기는 구수한 맛 잊지 못해
육지로 가기 위해 공항에 가면
무슨 경건한 의식처럼
당신은 군고구마를 챙기지요
내 유년도, 당신의 유년처럼
아궁이에서 고구마를 구워먹곤 했지요
우리는 모르는 사이였어도
멀리 떨어져 있었어도
군고구마 맛으로 이어져 있었던 것이죠
수십 년 전에 먹었던 군고구마 맛이
우리를 하나가 되게 한 것이죠
향수로 먹던 군고구마
이제 달콤한 사랑의 맛
둘이서 먹는.

사랑이라는 말

사랑이라는 말
쑥스럽고 부끄러운
그러나 가만히 '사랑'을 불러보면
가슴이 요동치고
누군가에게 들킨 듯 수줍은 말
애틋해서 참 좋아
아껴 쓴다

다시 '사랑'이라는 말 소리내어 불러보면
오금이 저리지만
함부로 발설하면 안될 것 같은
귀한 말씀 같다
거룩한 종교 같아
아껴서 쓴다
가장 높은 곳에 떠서 빛나는
별이다.

낡아간다는 것

세상에 태어났을 때
세상도 새롭고, 나도 새로웠다
말을 배우고, 계산을 배우고
만권의 책을 읽어 옛사람들을 배웠다
배운다는 것은 이 세상과 친해진다는 것
그래서 낯섦에서 친숙해진다는 것
친숙하다는 것은 낡았다는 것
내 청춘도 까마득하게 지나가고
나는 세상과 친숙해져 낡아가고
당신을 만나 낯섦을 벗고
서로에게 친숙해졌다
가까이 다가갈수록
당신에 대해 모두 알아버린 나는
당신과 더불어,
편한 가구처럼 익숙하게 낡아가고 있다
당신, 우리 더 낡아질 수 있을까요.

사랑 앞에서는

사랑 앞에 서면
나는 내가 아무것도 아니었으면 좋겠다
벼슬도 버리고
내가 가진 모든 것을 버리고
오직 당신을 사랑하는 마음 하나로
빈털터리가 되었으면 좋겠다

당신 앞에 서면
어떤 꿈도 꾸지 않았으면 좋겠다
오직 당신 곁에서
심부름이나 하고
시중을 드는
집사가 되었으면 좋겠다

당신 앞에서면
벌거숭이가 되면 좋겠다
밀고 당기는 유치한 감정 싸움 버리고
유리처럼 투명해져

말하지 않아도 숨길 것이 없는
속 훤히 보여드릴 수 있으면 좋겠다

사랑 앞에서는
모든 이념이나 사상따위
쓸모 없었으면 좋겠다

반성문을 쓰게 한다

내 앞에 놓인 길
묵묵히 걸어왔다
때로는 산책길처럼 천천히
때로는 자동차처럼 질주하며
가는 길이
인생이라고 생각했다

그러다가 어디께에서
그를 만났다
그가 어디에서 출발했건
내가 어디께에서 출발했건
스타트를 한 지점은 다르지만
우리는 한 곳을 바라보며
함께 가기로 했다

소년 같았다
눈동자는 별처럼 총총 빛났으며
목소리는 나직했다

이건 쑥스러운 비밀인데
나의 도반이라고 생각했다
참으로 늦게 만난 길동무

그를 바라보면
나는 지금껏 죄만 짓고 살아온 죄인
단 한번도 고백성사를 안한 죄인이어서
그를 생각하며
낱낱이 죄를 고하는 반성문을 쓴다
눈물로 길고 긴 참회록을 쓴다
그것은 여전히 그는 순결한 소년이어서
초롱초롱 맑은 별빛같은 눈망울이어서
순결한 목소리여서
나에게 반성문을, 참회록을 쓰게 한다

인생의 목표

아버지를 일찍 여위어
나는 덕을 쌓는 것을 배우지 못했다
버거운 세상에 홀로 던져져
삶의 방식을 배웠을 뿐이다

땅을 측량하고
돈을 세는 동안
누군가 저녁 끼니를 걱정하며
울고 있는 소리 듣지 못했다
배가 아파 엎드려 있는 것 알지 못했다
그러다가 귤밭에서 새들과 함께
휘파람 부는 당신을 만나는 동안
세속의 이야기를 하지 않았다
눈빛 해맑은 당신의 얼굴을 바라보면서
귤 향기에 대해서
하늬바람의 행방에 대해서
새가 노래하는지 우는지에 대해서
이문이 되지 않는 이야기를 했다

누군가는 인생의 소원을
재물과 오래 사는 것이라고 말했지만
당신을 만난 뒤부터
인생의 목표를 '사랑'이라고 수정했다.

명화극장

영화가 시작되면서
푸른 서귀포 바다가 펼쳐지고
다음 화면은 이마가 눈에 덮힌
한라산이 한껏 위용을 자랑한다

중년의 남과 여는
세련되지는 않았지만 순수하다
멋진 레스토랑은 아니어도 허름한 식당에서
신사는 숙녀를 에스코트하듯 친절하다
그 모습이 진실하고 따스하다

화면은 누렇게 익은 밀감밭을 배경으로
땀흘려 일하는 농부가 보이고
그 모습을 흐뭇하게 여인이 바라본다
두 사람은 이미 세상의 금기를 초월하여
영화의 결말이 아름답다고 예상된다

영화의 클라이맥스는

신사가 여인이 잠들 때까지
정성껏…… 진심으로
아픈 다리를 주물러주는 장면이다
극적인 장면은 없어도
잔잔한 물결이 출렁거리듯
마음의 밑바닥에서부터
서서히 감동이 몰려오는 영화의
마지막 화면은 두 사람이 활짝 웃으며
어디론가로 떠나는지
공항에서 군고구마를 먹는 장면이다
해피엔딩이다.

우리는 왜 사랑에 집착하는가

살아갈 날이 점점 줄어드는데
우리는 왜 사랑에 집착하는가
흘러가는 강물을 바라보며
변하지 않는 것은 없다
영원한 것은 없다는 믿음을 확신하면서도
이상하게 사랑에 집착하는가

북망에 마을을 이룬 사람들은
아무런 변고도
아무런 사건도 없이
적막한 나날이다
오래 전에 이승을 떠난 아버지는
여지껏 소식이 없다
죽어지면 사랑도 의미가 없을 것 같은데

우리는 늙어갈수록
이상하게 사랑에 집착하는가
집을 나서는 손주에게

사랑한다며, 이별하듯 아쉬운 눈빛으로
손을 흔드는 할머니처럼
애틋하게 사랑을 고백하는가

사랑하는 이여,
우리는 왜 이상해지는가
하루를 못참고 안부를 묻는가
사랑한다는 말은 정말 유치해
눈빛으로도 얼굴빛으로도
내색조차 못하는가.

사랑을 가르쳐 준 사람

누군가를 사랑한 적이 없어요
진정으로 마음을 몽땅 바친 적이 없어요
거리는 춥고 비정하고 비열했어요
그 어두운 거리에서 냉정을 배웠어요
스스로를 지키기 위해서지요
사랑이 무엇인지 배울 수가 없었던거죠
그런데 당신은
내가 몹시 지친 날, 더 이상 길을 갈 수 없을 때
내가 잠들 때까지 상한 다리를 주물러 주셨어요
상한 마음을 위로해 주셨어요
사랑을 배우지 못한 내게
당신은 뜨거운 힘으로
사랑을 가르쳐 주신거죠
당신의 손끝이 나의 다리를 주무를 때
그건 단순히 몸을 치료하는 것이 아니었어요
사랑을 모르는 내게
어두운 세상 한 구석에 사랑이 깃들어 있음을
세상에 훈훈한 온기가 있음을

처음으로 깨우쳐 주셨어요
오, 비로소 내 앞을 비추는 등불, 불빛
우리 함께 길을 가요
희망이 보이기 시작했어요
무심히 보아온 꽃과 햇빛
그리고 바람,
모두가 아름다워요
그것들과 함께 노래 부르며 가는 길
당신이 가르쳐준 사랑 때문에 행복해요
내 사랑이여

2

능금을 따다

능금을 따다

나는 창세기의 하와여서
아담을 꼬여내듯 당신을 유혹하여
능금을 따 당신에게 건네고
당신은 그것이 금기인 줄을 알면서도
덥썩 받아먹었다
우리의 사랑은 죄를 짓는 일이지만
그 아름다운 죄를 짓기 위해
나는 붉고 시큼달큼한 능금을 따고
함께 우리의 낙원으로 추방당한다
사랑이여,
또다시 가장 무거운 죄를 지을
사랑이여,

사랑을 만나려고

청춘시절
파토난 사랑 때문에
마음이 상한 적이 있다
잊지 못해 죽을 것만 같았던 사랑
생각하면 눈물나고
가슴이 먹먹했었다
사랑을 만나기 전에는 그랬었다
오래된 사랑을 떠올리면 당신에게 미안하지만
당신을 만나려고 그랬나보다
만약에, 사랑이 떠나지 않았다면
당신을 만나지 못했을 것이므로
오래된 사랑아, 고맙다
당신을 만나려고 그랬나보다

눈

누구의 마음이기에
부드럽고 포근한가
그러나 눈이 되기까지
티끌 하나 남김없이
스스로를 완전연소 시켜야 했다
그러므로 눈이 된다는 것은
사악한 것과 까칠한 모든 것 연소시켜
죄라고 생긴 모든 것 헹궈야
비로소 순백의 마음을 얻을 수 있다
사랑이여
당신에게 가까이 다가갈 수 있다면
우리가 뜨거워져
사라져도 좋으리.

꽃이 필 때

지독한 몸살을 앓고 있어요
당신이 내 뜨거운 이마에 손을 짚어도
황홀한 고통이 멈추질 않아요
이런 몸살이 좋아요
꽃이 필 때면
땅이 갈라지고
하늘이 흔들리는 몸살을 앓아요
잠자리 날개처럼 부드럽고 가녀린
세상에서 가장 아름다운 모습,
세상에서 가장 황홀한 몸살 때문이에요
사랑은 꽃을 피우는 일
어쩌면 좋아요
온몸이 욱신욱신 아파요
지독한 몸살을 앓고 있나봐요

사랑은

당신을 만난 날부터
아득한 꿈을 꾸고 있어요
당신이 불러주는 노래에 취해
꿈에서 깨어나지 못하고 있어요
당신의 감미로운 노래 소리는
마약처럼 황홀해요
당신을 만난 것
어쩌면 꿈일지도 모른다는 생각
나는 꿈에서 깨어나고 싶지 않아요
언젠가 당신의 노랫소리 끝나버리고
나는 아득한 꿈결에서 깨어나
모든 것이 물거품이 될지도 몰라요

그렇지만 불길한 생각은 안 할래요
당신의 최면에 취해
아득한 꿈길을 걷고 싶어요.

사랑의 힘

어린 시절,
어쩌다 몹시 배고픈 적 있었다
배를 움켜쥐고 차디찬 방에 엎드려
울었다
수십 년이 지난 일이지만
생생하다
밥은 사랑이다
사랑이 없으면 슬프다
나는 여전히 배가 고프다
그를 사랑할 수록
어린 시절처럼 배가 고프다
이 배고픔이 그대를 사랑하게 한다
그대를 만난 날부터 배가 고프다
그대를 생각하면 배가 고프다
그대와 함께 있어도 배가 고프다
그럴 때마다 그대의 어깨에 머리를 기대고
나는 기쁨의 눈물을 흘린다
사랑의 힘은 배고픔이다.

사랑니에게

‘사랑니’라는 이름
예쁜 만큼
통점이다
사랑할 나이 오래 전에 지났건만
자객처럼 숨어있다가
내 목을 겨누는가

왜 ‘사랑니’인가
이 물음에 떠오르는 대답은
아무 쓸모 없어 뽑아내야 한다는 것
옛 사랑의 이름처럼 불편하다는 것
이름뿐인 사랑니여
늦은 나이에
어둠 속에서 오래 때를 기다리다가
다시 사랑을 만나려고
통점이 되었는가.

목적 없는 사랑

사랑은 목적이 없다
아무런 대가도 없다
때로는 가장 소중하고 값진 것조차
미련없이 버리는 것
다시 돌아올 수 없는 인생에서
내게 다가온 사랑은
몹시도 고귀한 것
다시 돌아올 수 없는 기회를
나는 놓치지 않을 것
너를 놓치고 후회하며
울지 않으리
그 길이 아득하고 험할지라도
기꺼이 걸어가리
오직 사랑과 함께라면

사랑이여

덥석 깨물고 싶고
덥석 안고 싶고
덥석 잡아먹고 싶은 것이
사랑이라면
나는 사나운 짐승이어서
당신을 자근자근 씹어서 먹어
이미 흔적도 없이 사라졌을 것
그것이 사랑이라해도
나는 그런 사랑하지 못하겠네
맹수처럼 사랑을 잡아먹는 일
도저히 할 수 없네
내가 잡아먹히고 말겠네.

죽을 것만 같아요

숨이 잘 안 쉬어져요
가슴이 벅차단 말 못하겠어요
이런 기분 처음이라는 말도 못하겠어요
내게 사랑이 찾아왔나봐요
이렇듯 늦은 시간에
왜 나를 찾아왔어요
그동안 어디에 있었나요
무얼하고 있었나요
모든 것이 궁금해요
그렇지만 아무 말 하지 않겠어요
지나간 모든 날들이
나를 만나기 위해 예비한 시간들이라는걸 알아요
늦지 않았어요
당신의 손에 얼굴을 부비고 싶어요
머릿칼도 만지고 싶어요
심장이 뛰는 소리도 듣고 싶어요
노랫소리도 듣고 싶어요
그럴수록 숨이 턱턱 막혀요

중병에 걸렸나 봐요
당신을 사랑하는
다시는 돌이킬 수 없는 병에 걸려
숨쉬기가 버거워요
죽을 것만 같아요.

사랑하면 입이 하나가 된다

사랑은 하나가 된다는 것
마음이 하나가 되고
한 곳을 바라본다는 것
그것은 생각이 같다는 것
그러므로 당신과 나는
마치 입이 하나인 것처럼
똑같은 말을 하는 것이지요

생김새도 다르고
키도 다르고
태어난 날도 다르고
태어난 곳도 다르지만
어찌하여 우리는 하나가 되었을까요
생각이 하나가 되었을까요
입이 하나가 되었을까요.

결핍

목이 말라요
마시고 싶어요
당신의 얼굴을 마시고
당신의 손길을 마시고
당신의 목소리를 마시고
당신의 노래리를 마시고 싶어요
오랫동안 당신의 모든 것들을 마셨지만
여전히 목이 타요

사랑을 하면
충족된다고 생각했지만
어쩐 일인지
사막에 내던져진 것처럼
혼자 먼 길을 달리는 마라톤 선수처럼
갈증이 나요
당신이 보고파서 죽을 것 같아요
당신이 그리워 심장이 멎을 것 같아요.

심장을 훔치다

처음 도둑질을 했네
우리는 누가 먼저라고 할 것 없이
서로가 모르게
서로의 심장을 훔쳤네
지금 내 가슴에서 뛰는 심장은
내 것이 아니네
지금 당신의 가슴에서 뛰는 심장은
당신의 심장이 아니네
아니네,
이제 당신의 심장은 내 가슴에서 뛰고
나의 심장은 당신의 가슴에서 뛰고 있네
처음 하는 도둑질
하필 우리는 서로를 훔쳤네
도둑질은 나쁜 것이라고 배웠지만
우리는 그 몹쓸짓을 저지르고 말았네.

스무 살 사랑

다시 새해가 되었지만
우리는
처음 만난 때처럼
나이 먹지 않고 그대로네요
사랑은 변함없는 것이어서
우리 마음 변함없듯이
모든 것 그대로예요
우리가 보았던 하늘과 땅
파도치는 서귀포 바다와 한라산
늘 변함없어요
소년 같은 당신의 모습도 그대로
나직하게 말하는 당신의 입
지긋하게 나를 응시하는 눈
여전히 변한 것이 없어요
내 가슴은 무지개를 처음 본 날처럼 요동치는데
바라보고 있어도 그리운 당신의 이름
내 사랑은 스무 살 거기에서
멈춰있어요.

Classic Live

3

서귀포

서귀포

서귀포(西歸浦),
서쪽으로 돌아간다는 뜻
당신을 만나 처음 알았어요
해도 달도 모두가 서쪽으로 돌아가고
우리도 동쪽에서 태어나
서쪽으로 간다는 것,
그래서 당신과 나는 오늘도
서쪽으로 돌아가고 있어요

당신을 만난 곳, 서귀포
당신은 날마다 귤 농장에서 일해요
그래서 당신의 몸에서는 향기로운 땀냄새가 나요
시큼한 귤조차 달콤해요
당신의 피와 땀이 맛으로 스민 귤
어찌 시큼하겠어요

그러므로 당신이 가꾸는
서귀포 귤이 가장 맛있지요
당신이 가져다 준 귤향기 맡으며
이 겨울, 함께 서쪽으로 가고 있어요
서쪽을 소멸의 지점이라고 하지만
그 말 믿지 마세요
눈 속에서도 귤이 익어가는
사랑이 영그는 마을
우리는 날마다 서귀포로 돌아가요

연북정(戀北亭)에서

조천리 바닷가, 정자에 올라
북쪽 바다를 바라본다
연북정,
임금을 그리워하며 다시 뵈올 날을 기다리던 곳
원망하는 마음과 사모하는 마음이
발 아래 파도처럼 뒤섞인다
유배의 땅에서 바라보면
사방은 푸른 바다, 감옥이 되어버린
그 연북정에 올라
바다건너에 유배 온 옛 사람을 생각한다
갈 수 없는 마음이 이러했을까
그리운 마음이 이러했을까
내 마음을 알 수 없는
바다를 나는 갈매기는 무심한데,
당신처럼 무심한데
허허실실한 나는 죄인처럼 머리를 풀고
차가운 겨울 바닷 바람과 맞선다
오지 않는 사람을 생각하며

지울 수 없는 시간에 대한 회한과
지나버린 세월에 대한 원망
그러면서도 어쩔 수 없이
다시 연북정에 와서
당신을 생각하는 심사는 무엇이란 말인가
사람의 마음은 푸른 물결처럼 흔들리는데
저녁 무렵 연북정 바다에 노을이 내리고
나는 홀로 해 떨어진 어둠 속에 묻힌다.

애랑이 배비장에게

당신이 배비장이면
나는 애랑
당신이 육지에서 왔을 때
내게 흠뻑 빠진 것처럼
실은 당신이 좋았어요
그것이 사랑이라면
나는 당신의 머리털을 뽑고 싶고
당신의 이빨까지 빼고 싶었어요
사랑하면 모두 갖고 싶은 것 아니겠어요
당신의 모든 것을 갖게 되니 부러울 것이 없어요
이제는 여한이 없으니
당신의 머리털을 갖고
당신의 이빨을 갖고
제주 바다에 뛰어들어도
함께라면 두려울 것이 없어요

대정, 적거지에서

대정에 눈이 내리네
성미 꼬장꼬장한
조선 최고의 명문가 아들
완당 김정희가
감옥같은 위리안치 귀양살이 했던
제주 대정 오두막집에
하염없이 눈이 내리네
한 이백 년 전
비문을 찾아 조선 팔도를
바람처럼 돌아다니던 완당이

눈 내리는 대정에서
밤가시 같은 성미 죽이고
손을 후후 불며 세한도를 그리는데
그때쯤엔 그리운 것은
높은 벼슬하던 것도
한자 한자 써가던 추사체도 아니고
그립고 그리운 아내의 그림자였을까
완당 적거지에 와서
눈 내리는 세한 즈음
그의 그리움이 무엇인지를 읽고 있네.

퐁낭*

성읍민속마을 북쪽
제주도에서 가장 나이 많은 나무들이 산다
섬에서 흔하게 보는 퐁낭
그 어른을 만나기 위해 찾아가니
1,000년 세월의 풍상을 온몸으로 맞고 있다
퐁낭 앞에서 사람은 한갓 티끌이어서
할아버지의 할아버지, 또 할아버지의 몇 대 할아버지뻘인
성읍민속마을 북쪽 퐁낭은
오래 살았다고 훈장같은
천연기념물 제161호 명찰을 달고 있다
어느햇가 태풍으로 뿌리가 뽑히기도 했는데
웅장한 이 나무들은 길 양쪽에서
도로 머리 위를 향해 거침없이 손을 내밀고 있다
웃대 웃대 어린 할아버지들의 놀이터였던
마을 수호신 퐁낭은
'송낭천년, 퐁낭만년'*이라는 말처럼
앞으로도 짱짱하게
수 천 년을 살 것이니

오늘은 성읍민속마을 북쪽 길가에서 졸고 있는
퐁낭 할아버지를 찾아간다.

*팽나무를 지칭하는 제주도 방언
*'소나무 천년 팽나무 만년'이라는 뜻의 제주도 방언

위대한 사랑

200년도 더 된 정조 때
스물일곱 살 청년 조정철은
대역죄인이 되어 제주에 귀양왔다
시중 드는 여인 홍윤애는
조정철이 손가락에 물을 찍어 글을 쓰는 것이 안타까워
아껴둔 비단을 팔아 붓과 종이와 서책을 사 건넸다
사랑이 싹텄고, 딸이 태어났다
그즈음 숙적 김아무개가 제주목사로 부임하여
조정철을 죽도록 고문해 내쳤다
또한 홍윤애를 문초해 조정철에게 누명을 씌우려 했다
홍윤애는 '공의 목숨이 나의 죽음에 달렸다'며
관아로 끌려갔다
죄인의 집에 출입한 죄, 곤장 70대를 받아냈다
조정철의 결백을 증명하고 그녀는 세상을 떠났다
감옥에서 홍윤애의 발인을 맞은 조정철은
'귤나무 우거진 남쪽 석자 분묘
젊은 혼 천년토록 원한 남으리,
초장 계조를 누가 드릴까.

한 곡조 슬픈 노래에 절로 눈물이 고이네'라고 슬퍼했는데,
1790년 추자도로 옮겨 13년을 더 살다가 해배되어
환갑이 지나 제주 목사로 부임했다
'옥 같고 향기로운 그대 묻힌지 몇 년이던가
누가 그대의 억울함 푸른 하늘에 호소하리' 그리워했다
일제 때 홍윤애의 무덤 애월읍 유수암리로 이장됐는데,
옛 무덤 터 전농로에 홍윤애의 슬픈 사랑처럼
왕벚꽃 떼가 분분하다.

김영갑을 만나다

남제주도 삼달리 '두모악'
김영갑갤러리에서 그를 만나고 간다
스물여덟 살에 제주도에 들어와
마흔여덟 살에 그곳의 흙이 된 사진작가
사랑하는 연인의 만류를 부리치고
가난과 병마에 시달리면서도
무엇이 그를 제주도를 떠나지 못하게 했는가
제주도 사람들도 보지 못한 제주도
육지 사람들도 보지 못한 제주도
빛과 바람과 바다
수많은 오름을 오르내리면서
손에 만져지는 대기의 움직임을 포착했다
그가 가진 것은 낡은 카메라와
제주도를 사랑하는 마음 뿐
죽음 같은 외로움이 목에 칼끝을 겨누어도
손가락과 발가락의 근육이 빠져나가는
깊은 절망에게 맞서며
시시각각 변하는

두모악*의 기온과 색의 질감을 인화했다
가난이 턱턱 숨막혀 와도
단 한 점의 작품도 팔지 않은 고집으로
제주도에서 살아낸 20년은
그의 영혼을 영원으로 이끌었다
그가 누비고 다녔던 오름과 들녘의
산신령이 되었다, 신이 되었다
죽어서 갤러리 두모악의 정원
풀 한 포기 나무 한 그루 꽃 한 송이에
그의 그림자와 숨소리가 드리워져
그것들의 정령이 되었다
쓸쓸한 늦가을
『그 섬에 내가 있었네』를 읽다가
비내리는 두모악에 달려와
작업실 희미한 불빛 아래
낡은 의자에 앉아 작업하는 환영같은
수척한 그를 만나고 간다.

사진작가 김영갑 선생

스토리 우체통

서귀포여고 옆길로 들어와
돔베낭골 경계
제주 올레 7코스가 지나는 곳에
빨간 우체통 여섯 개가 있다
그 중 하나 범섬이 보이는 우체통은
십이월 셋째주에 단 한 번 발송된다
정월 초하룻날 보내면
이듬해 정월 초하룻날 도착하는
참으로 느린 우체통
내가 나에게 보낼 수 있고
내가 당신에게 보낼 수 있다는데
당신에게 사랑의 편지를 보내면
일 년 후에도 당신과 나는 오늘처럼 사랑하고 있을까,
누군가가 말한 것처럼
사랑은 강물처럼 흘러가는 것이어서,
세상에는 변하지 않는 사랑도 있는 것이어서

지독한 사랑

저기 섶섬이 보이네
전쟁이 한참일 때
남덕과 아이들이 배고파하자
섶섬이 보이는 바다에서 게를 잡아
허기를 채웠네
도저히 살 수가 없어
남덕은 현해탄을 건너 친정으로 돌아가고
중섭은 마음이 허전해 찾아갔지만
얼굴도 보지 못한 채 돌아왔네
오늘은 바다가 보이는 마을 중턱에
중섭은 가고 미술관만 남아있네
지독한 사랑 때문에 헤어진다는 말
나는 믿을 수 없지만
중섭의 미술관에 와서
그것을 믿기로 했네.

예전과 같을 수 없네

사랑을 얻은 뒤
세상이 달라졌네
눈에 보이지 않던 서귀포 바다가 보이네
안개 자욱해 아무것도 보이지 않아도
그가 사는 마을이 사랑스럽네
하루하루 일상이 새롭네
언제 이렇듯 세상이 아름다웠던가
생의 기쁨이 연속이네
어둡고 침침한 지하실을 벗어나
성산포 바다에 떠오르는 태양빛에
은총을 받듯 행복하게 휩싸이네
온 세상이 새로워
세례받은 듯 몸과 마음이 순결해지네
이전의 나를 버린지 오래네
예전과 같을 수는 없네
사랑을 얻은 뒤
세상이 달라졌네.

섬이 되어

며칠 동안 당신을 보지 못했다
보지 못하는 시간이 길어질수록
이상하게 낮이 사라지고 밤이 계속 되었다
칠흑 같은 어둠 속에서 파도 소리가 들렸다
웬걸, 내가 섬이라니
육지라곤 보이지 않는 절해고도라니.
당신은 머나 먼 곳에 있고
나는 적막한 섬이 되어
한 밤중, 뜨거운 손으로
지그시 가슴을 누른다
심장이 몸 밖으로 튀어나올 것 같다
활화산처럼 섬이 폭발할 것 같다
그리움도 욕망이지, 제어할 수 없는 욕망이지
당신은 머나 먼 곳에 있고
나는 어둠 속에 엎드려
어깨 들먹이며 울먹이는데

어디에서 오는가

흠뻑 땀흘리며 일하는
시큼한 귤밭에서 오는가
날이 저물자
저벅저벅 발자국 소리
당신의 발길을 따라 오는가,
서귀포 바다에서 오는가
노을진 저녁바다에서 스며드는
파도소리 따라 오는가,
우리가 함께 걸었던 올레길에 부는
바람 따라 오는가,
뭉게구름 떠가는 하늘에서 오는가
제주와 광주공항 사이
9천미터 상공을 나는 비행기에서
아래를 바라보면 까마득한데,
그 까마득한 높이에서 오는가
사랑은,

다만

사랑한다고
발설하지 마라
사람의 세치 혀는 변덕스러운 것이니,

다만,
사랑스러운 사람의 눈을
오래 흐뭇하게 바라보라.

4

도저히

도저히

떠나려고 했다.
전화번호를 지우고
내 마음을 지우고
태양을 지우고
달을 지우고
세상을 지우고
사랑에게서 떠나려고
컴컴한 밤이 되려고
생각의 머리를 지웠지만
마침내 두 눈을 감았지만
밤이 가고 아침이 찾아오듯
도저히
떠날 수 없는 발길
저문 해처럼 서쪽으로 만 리쯤 갔다가
발길을 되돌렸다.

유리창을 사이에 두고

당신과 잠시
떨어진 적 있었다
유리창을 사이에 두고
짐짓 딴 데를 보는 척
당신을 외면한 척하며
살며시 당신을 바라보았다
때는 겨울이어서
유리창에 성에가 끼어
당신과 나 사이 흐릿해져,
당신의 모습 희미해지면
내 모습도 희미해져
애태운 적 있었다
그럴때면
입김으로 유리창의 성에를 녹여보지만
당신은 꽁꽁 얼어있다
차디찬 겨울이 지나가고
성에도 걷히고 유리창도 맑아져
우리 사이 아무것도 없지만

우리 사랑 청명하지만
혹독한 겨울이
우리 사랑의 불씨였어라

이해할 수 없는 당신

너무나 가슴이 벅차,
당신 때문에 울고 있어요
사랑한다는 말은 없어도
당신은 온통 눈빛으로 침묵으로
사랑한다고 말 하지요
이 세상 사람이 만들어 놓은 사랑한다는 말
참으로 구차해
온 몸으로 사랑한다고 말하고 있지요

아침부터 날씨가 잔뜩 흐렸지요
잠을 못 잔 듯한 눈빛,
지금까지 당신의 눈빛 흐린 적이 없었는데
시선을 피하기만 하는군요
길가의 돌멩이 구둣발로 차기만 해도
나는 무슨 죄를 지은 양 마음이 불편해져서
당신을 바라보지만
이해할 수 없는 당신
이해할 수 없는 사랑,
오늘은 당신 때문에 울고 있어요.

당신을 떠나려고

사랑하기 때문에 떠난다는 말
커다란 모순이다
그러나 나는 오늘에야 비로소
사랑하기 때문에 떠난다는 말을 이해한다
죽고 못 사는 사랑 때문에
목숨도 내놓을 수 있다고 생각했다
그렇지만 완벽한 사랑은 없는 법
변하지 않는 사랑은 없는 법
영원한 사랑은 없는 법
이제사 그 말을 이해한다
이해한다는 것, 그것은 슬픈 일
그 슬픈 현실에서
나는 당신의 전화번호를 지우고
아픈 마음으로, 마음 속으로
당신이 보이지 않는 아득한 곳으로 떠난다
우리가 언제 사랑을 했던가
까마득한 기억을 떠올리며 후회할지라도
진정으로 사랑했으므로

우리의 마음이 변했으므로
그래서 당신을 떠나려고

어떤 사랑

봄인 듯 봄이 아닌 듯
갑자기 꽃샘추위가 몰려오면
당신을 향해 꽃을 피우다가
희망을 꿈꾸다가
된서리 맞은 듯 망설이게 되어요
사랑인 듯 사랑이 아닌 듯
도대체 당신은 누구인가요
왜 나에게 왔나요
의구심은 무럭무럭 자라는데
당신은 망설이고 있어요
어중간한 액션에서
그것을 바라보는 나는
얼음이 되어가고 있어요
지금까지 봄이 오는 줄 알았는데
봄인 듯 봄이 아닌 듯
헷갈리게 하지 마세요
멀고도 아득한 사랑이여,
여전히 겨울인가요,

우리의 사랑은 파토난 것인가요
망설이지 말고 12월이 가기 전에
내게 말해줘요
지금 봄이 한창이라고.

바위같은, 답답한 사랑

지구에 종말이 온다해도
당신과 함께라면
어디든 갈 수 있어요
말이 유랑하는 시대
말을 아껴쓰는 당신의 진정성이 느껴져요
그러나 바위처럼 답답할 때가 있어요
가슴에 납덩이를 얹은 것 같이
질식해 죽을 것만 같아요
이제 말을 아끼지 말아요
앵무새처럼 수다를 떨어봐요
오늘은 바람조차 잠든 날
뒷산 오리목나무도 입을 닫고
어디로 갔는지 참새떼도 보이지 않아
숨막힐 것 같은 적막이 싫어요
무슨 말이든 말을 해요
제발 속엣소리 좀 해봐요.

눈사람처럼

사람이 되고 싶은 눈[雪]이 있었다
하늘에서 지상으로 내려와
서로 사랑할 줄 아는 사람이 되고 싶어
마침내 눈사람이 되었네
두 눈사람은 날이 추울수록
두 눈 오롯하게 뜨고
심장이 뜨겁게 뛰었네
그 겨울이 포근했네
얼음 같은 영하의 날씨는 천국이었네
두 눈사람은 꽁꽁 얼어
뜨거웠네
이윽고 겨울이 가고
두 눈사람은 사라졌네
형체도 없이 사라졌지만 후회하지 않았네
눈이 녹아 눈물이 되었어도
그 사랑 뜨거웠다네.

합장

두 사람이 누워있어요
온 몸이 탈골되어 뼈가 누렇게 익었는데
세상은 가뭇하게 적막한데,
세상은 두 사랑을 오래 전에 잊었는데,
어느 하늘 아래 잊혀진 전설의 주인공들
사랑했었네
어질어질하게 사랑했었네
스님이 두 손 공손하게 합장하고 인사하듯
그 사랑은 공손했네
후회없는 사랑이었네
눈부신 사랑이었네
아름다운 사랑이었네
과거형이 아니라 현재형이네
죽어서도 죽지 않은 사랑이어서
누렇게 잘 익은 뼈
하나가 되었네.

우리가 죽은 뒤

아득한 옛날
당신과 내가 여기에서 살았다고
아니, 당신과 나의 이름 모두가 잊어
당신과 나의 사랑 기억하지 못해도
우리의 사랑은 하늘의 별이 되어 총총
우리의 사랑은 들판의 바람이 되어 훠이훠이
우리의 사랑은 사라지지 않고 무엇이 되어
천년만년 남아있을 것
사랑하다 죽어 육신은 사라져도
영혼은 어딘가에 남아 떠돌다가
한때 우리가 사랑하며 살았던
서귀포 어디께를 지나게 되면
우리의 이름 아무도 모를지라도
우리의 영혼은 눈물겨워라
아름다웠던 지상에서의
빛나는 사랑이여.

봄처럼

아지랑이 피어오르는 봄이었지요
저승에도 봄이 와 기지개를 펴는지
새치같은 푸른 것 움트려고
근질근질한 봉분 하나
그 위로 종달새 두 마리 뭐라고 지저귀네요
세상 모든 것은
봄, 여름, 가을, 겨울 순환하는 이치에 순응하는데
이승에서 사철을 보내고
저승에서 다시 맞는 봄
어찌어찌하여 사랑하였다가
저승에서까지 하나가 된 인연처럼
당신과 나
저승에서도 함께 봄을 맞을 수가 있을까요
하늘의 깊이만큼 봄의 심연 끝이 없는데
우리의 인연 아득한 봄이 될 수 있을까요

사막을 걷다

누가 사랑을 하면 행복 뿐이라고 했는가
누가 사랑을 하면 기쁨 뿐이라고 했는가
사랑이 깊을수록 외로움도 깊다는
유행가 가사가 맞는 말인 줄 처음 알았네
당신을 그리워하다가
사막을 걷는 나를 보았네
막막한 사막 한 가운데에서
방울뱀 소리를 들었네
모랫바람 일으키는
황량한 바람소리를 들었네
밤이 되자 하늘에는 별이 총총 빛나지만
사막에는 나 혼자 뿐이네
어느 무엇도 내 마음 다독일 수 없어
사막여우도 그저 무심하게 바라볼 뿐이네
사랑한다는 것은 행복한 일이어서
기쁨이지만
나는 까마득한 곳에 계신 당신을 찾아
밤하늘의 별을 보며 길을 점치네.

당신에게로 가는 길

당신은 별빛처럼 먼 곳에 있고
나는 북쪽 변방에서
혼자 밤길을 걷는다
누우는 태어나자마자 걸음을 걷지만
사람은 일 년이 지나야 걷는다
유독 늦게 걸음마를 뗀 나는
아직 걸음이 서툴지만
늦게까지 걸음마 연습한 것은
나의 길이 아득하기 때문,
당신에게 이르는 길 까마득하지만
눈 내리는 변방에서 당신이 계시는
따스한 남쪽나라가 멀지 않다
혼자 걸어도 혼자가 아니다
생각 속에서 당신이 깃들었기에
가파른 길도 힘겹지 않다
남쪽나라에 유채꽃이 피고
노란 봄이 한창이라는데
당신 만날 기쁨이

당신 만날 행복이

혼자 걷는 만 리 길을 재촉한다.

벙어리

그리움이 지나치면
벙어리가 되네
사랑이 깊으면
벙어리가 되네
외로움이 깊으면
벙어리가 되네

벙어리의 말
아무나 알아듣는 것이 아니네
가장 절실해서 하는 말
귀로 듣는 말 아니네
입으로 하는 말 아니네
눈으로 하는 말도 아니네

어둠 속에 엎드려
흐느끼네
슬픔의 눈물이네
기쁨의 눈물이네

눈이 탱탱 붓도록 울고 난 뒤
고개 들어 하늘을 바라보면
사랑이 보이네
멀리 떠났던 사랑이 보이네
그 사랑이 돌아와 말을 걸어오네
나는 여전히 벙어리네.

이선미 연시집

지독한 사랑

2018년 12월 20일 인쇄
2018년 12월 25일 발행

지은이 | 이 선 미
펴낸이 | 강 경 호
인쇄 · 기획 | 도서출판 시와사람
등 록 | 1994년 6월 10일 제 05-01-0155호
주 소 | 광주시 동구 양림로119번길 21-1
전 화 | (062)224-5319
팩 스 | (062)225-5319
E-mail | jcapoet@hanmail.net

ISBN 978-89-5665-529-1 03810

값 10,000원

공급처 ■ 한국출판협동조합
경기도 파주시 탄현면 오금로 30
주문전화 (02)716-5616, 070-7119-1740